SO VERKAUFEN SIE AUF TIKTOK FÜR MODEMARKEN

Virales Marketing Meistern Mit
Trendigen Taktiken Für Ihre Modelinie

Von

Genevieve Allan

Copyright ©2024 Genevieve Allan
Alle Rechte vorbehalten

Alle Rechte vorbehalten. Kein Teil dieser Veröffentlichung darf ohne vorherige schriftliche Genehmigung des Herausgebers in irgendeiner Form oder mit irgendwelchen Mitteln, einschließlich Fotokopieren, Aufzeichnen oder anderen elektronischen oder mechanischen Verfahren, reproduziert, verbreitet oder übertragen werden, außer im Falle kurzer Zitate in kritischen Rezensionen und bestimmter anderer nichtkommerzieller Verwendungen, die durch das Urheberrecht gestattet sind.

Inhaltsverzeichnis

Kapitel 1 6

  TikTok und sein Publikum verstehen 6

    Einführung in TikTok 10

    Demografie und Nutzerverhalten 13

    Warum TikTok Für Modemarken Wichtig Ist 15

    Fallstudien: Erfolgreiche Modemarken Auf TikTok 18

Kapitel 2 22

  Entwickeln Sie die TikTok-Strategie Ihrer Marke 22

    Klare Ziele Und Vorgaben Festlegen 25

    Identifizieren Sie Ihre Zielgruppe 28

    Analyse Der Wettbewerber 30

    Abstimmung der TikTok-Strategie mit der allgemeinen Markenstrategie 33

Kapitel 3 36

  Ansprechende Inhalte erstellen 36

    Arten von Inhalten, die gut funktionieren 39

    Die Kunst des Geschichtenerzählens in der Mode 42

    Inhaltskalender und Konsistenz 48

Kapitel 4 52

- Einflussfaktoren und Kooperationen nutzen 52
  - Die richtigen Influencer für Ihre Marke finden 54
  - Aufbau für beide Seiten vorteilhafter Beziehungen 58
  - Gestaltung effektiver Kooperationskampagnen 62
  - Messung des Erfolgs von Influencer-Kampagnen 66
- Kapitel 5 70
  - Leistung analysieren und Erfolg skalieren 70
  - Wichtige Kennzahlen zur Verfolgung auf TikTok 73
  - Tools und Techniken zur Leistungsanalyse 76
  - Iterieren basierend auf Daten und Feedback 79
  - Skalieren Sie Ihre TikTok-Strategie für langfristigen Erfolg 83
- Abschluss 88

Kapitel 1

TikTok und sein Publikum verstehen

Willkommen im spannenden Reich von TikTok, der Social-Media-Plattform, die schnell zu einer globalen Sensation geworden ist. Für diejenigen in der Modebranche, die diese Plattform nutzen möchten, ist es wichtig, das Wesen von TikTok und seinem Publikum zu verstehen.

TikTok ist eine Plattform für kurze Videos von 15 Sekunden bis drei Minuten. Was TikTok auszeichnet, ist sein Potenzial, jeden Benutzer viral zu machen. Sein Algorithmus unterstützt nicht nur bekannte Influencer, sondern bietet jedem die gleiche Chance, sichtbar zu werden. Dies führt zu einem lebendigen und spannenden Raum, in dem Kreativität gedeiht.

Die Benutzerdemografie von TikTok ist breit gefächert, aber tendenziell jünger. Die meisten Benutzer sind zwischen 16 und 24 Jahre alt, was es zu einem Zentrum für Jugendkultur und Trends macht. Diese Bevölkerungsgruppe hat ein großes Interesse an Mode, was TikTok zu einem idealen Ort für Modemarken macht, die ein jüngeres, trendbewusstes Publikum ansprechen möchten. Die Kenntnis dieser Bevölkerungsgruppe ist entscheidend für die Entwicklung von Inhalten, die ins Schwarze treffen.

Die Kultur von TikTok ist schnelllebig und entwickelt sich ständig weiter. Trends können schnell auftauchen und wieder verschwinden, weshalb es für Marken unerlässlich ist, flexibel und trendbewusst zu bleiben. Die Auseinandersetzung mit diesen Trends kann Ihrer Marke helfen, Aufmerksamkeit zu erlangen. Es geht jedoch nicht nur darum, auf Trends aufzuspringen; es geht darum, ihnen Ihre einzigartige Perspektive zu verleihen.

Engagement ist ein wichtiger Aspekt von TikTok. Benutzer sind nicht nur passive Beobachter; sie interagieren aktiv, indem sie liken, kommentieren und teilen. Dieses hohe Maß an Interaktion bedeutet, dass das Erstellen von Inhalten, die die Benutzerbeteiligung fördern, Ihre Reichweite erheblich steigern kann. Wenn Sie Benutzer einladen, an Herausforderungen teilzunehmen oder Marken-Hashtags zu verwenden, kann dies einen viralen Effekt erzeugen und die Botschaft Ihrer Marke weit verbreiten.

Fallstudien erfolgreicher Modemarken auf TikTok zeigen einen gemeinsamen Faktor: Authentizität. Benutzer schätzen Marken, die authentisch und identifizierbar wirken. Die polierten, perfekten Bilder, die auf anderen Social-Media-Plattformen üblich sind, funktionieren hier nicht so gut. Stattdessen fesseln Einblicke hinter die Kulissen, Rohmaterial und authentische Momente die Aufmerksamkeit des Publikums. Die Darstellung der menschlichen Seite Ihrer Marke kann Vertrauen und Loyalität fördern.

TikTok bietet auch eine Vielzahl von Funktionen zur Verbesserung Ihrer Inhalte. Von Musik und Soundeffekten bis hin zu Filtern und Spezialeffekten können diese Tools Ihre Videos ansprechender und unterhaltsamer machen. Die Nutzung dieser Funktionen kann Ihrer Marke helfen, sich in der wettbewerbsintensiven TikTok-Umgebung abzuheben.

Im weiteren Verlauf dieses Kapitels werden wir diese Aspekte genauer untersuchen. Sie erfahren, wie Sie Ihre Zielgruppe identifizieren und verstehen, das Nutzerverhalten analysieren und Ihre Marke auf TikTok strategisch positionieren. Am Ende dieses Kapitels haben Sie ein umfassendes Verständnis davon, was TikTok antreibt und wie Sie es nutzen können, um Ihre Modemarke aufzuwerten.

Begeben wir uns also auf diese spannende Reise. TikTok und sein Publikum zu verstehen, ist der erste Schritt, um diese einflussreiche Plattform zu meistern und ihr volles

Potenzial für Ihre Modemarke auszuschöpfen. Bereiten Sie sich darauf vor, die Kreativität, Spontaneität und Lebendigkeit anzunehmen, die TikTok auszeichnen, und entdecken Sie, wie es Ihren Social-Media-Marketingansatz revolutionieren kann.

Einführung in TikTok

TikTok hat sich schnell zu einer der beliebtesten Social-Media-Plattformen weltweit entwickelt. Seit seiner Einführung im Jahr 2016 ermöglicht es Benutzern, kurze Videos mit Musikbegleitung zu erstellen und zu teilen, wobei eine Vielzahl kreativer Tools zum Einsatz kommt. Im Gegensatz zu anderen sozialen Medien konzentriert sich TikTok auf leicht konsumierbare, kurze Inhalte, die perfekt in die Schnelllebigkeit des digitalen Zeitalters passen.

Ein bemerkenswerter Aspekt von TikTok ist sein Fokus auf Spaß und fantasievollen Ausdruck. Benutzer können ihre Videos mit Musik, Soundeffekten, Filtern und Spezialeffekten verbessern, was unbegrenzte kreative Möglichkeiten bietet. Ob bei der Teilnahme an Tanzwettbewerben, dem Erstellen lustiger Sketche oder dem Teilen von Modetipps – TikTok fördert einzigartige und fesselnde Selbstdarstellung.

Auch der unverwechselbare Algorithmus der Plattform zeichnet sie aus. Die Seite „Für dich" bietet einen personalisierten Stream von Videos, die auf die Vorlieben jedes Benutzers zugeschnitten sind, sodass selbst neue Benutzer Aufmerksamkeit erhalten, wenn ihre Inhalte bei den Zuschauern Anklang finden. Diese Umgebung belohnt Kreativität und Originalität und ermöglicht virale Momente in kurzer Zeit.

Die Nutzerbasis von TikTok ist vielfältig und lebhaft und zieht Menschen mit unterschiedlichem Hintergrund an. Dennoch ist die Plattform besonders attraktiv für jüngere

Zielgruppen, insbesondere Teenager und Menschen in ihren frühen Zwanzigern. Diese Gruppe ist ständig auf der Suche nach den neuesten Trends, was TikTok zu einer idealen Plattform für Modemarken macht, die junge, trendbewusste Verbraucher ansprechen möchten.

Für Modemarken bietet TikTok eine einzigartige Chance, Produkte auf eine Weise zu präsentieren, die authentisch und greifbar wirkt. Indem sie die Kultur der Plattform verstehen und ihre Funktionen nutzen, können Marken Inhalte erstellen, die nicht nur unterhalten, sondern auch das Engagement fördern und den Umsatz steigern. In den folgenden Abschnitten werden wir uns mit Strategien befassen, wie Sie TikTok effektiv nutzen können, um die Sichtbarkeit und Reichweite Ihrer Modemarke zu erhöhen.

Demografie und Nutzerverhalten

Zu wissen, wer TikTok nutzt, ist entscheidend, um Inhalte zu erstellen, die Anklang finden. Obwohl TikTok ein riesiges globales Publikum hat, ist es besonders bei jüngeren Generationen beliebt. Die Mehrheit der TikTok-Nutzer ist zwischen 16 und 24 Jahre alt, was es besonders bei der Generation Z beliebt macht. Diese Gruppe ist bekannt für ihre digitalen Fähigkeiten, trendsetzenden Gewohnheiten und eine starke Vorliebe für visuelle Inhalte.

Die Generation Z ist mitten in der Technologie aufgewachsen, Smartphones und soziale Medien sind integraler Bestandteil ihres Lebens. Sie schätzen Authentizität und interagieren eher mit Inhalten, die authentisch und nachvollziehbar wirken. Daher funktionieren hochglanzpolierte und überproduzierte Videos möglicherweise nicht so gut wie natürlichere Clips mit Blick hinter die Kulissen, die die menschliche Seite einer Marke zeigen. Für Modemarken bedeutet dies, den kreativen Prozess hervorzuheben, Momente aus dem Alltag zu teilen und echte Kunden zu zeigen, die ihre Produkte tragen.

Ein weiteres wichtiges Element des TikTok-Benutzerverhaltens ist ihre Begeisterung für Trends. Ob es sich um eine neue Tanz-Challenge, einen viralen Hashtag oder einen trendigen Sound handelt, TikTok-Benutzer machen eifrig bei den neuesten Trends mit. Diese trendorientierte Kultur erfordert von Marken, dass sie auf dem Laufenden bleiben, was gerade angesagt ist, und Wege finden, sich auf eine Weise mit diesen Trends auseinanderzusetzen, die ihrer Markenidentität entspricht. Das Erstellen von Inhalten, die mit diesen Trends übereinstimmen, kann die Sichtbarkeit und das Engagement erheblich steigern.

TikTok-Benutzer sind außerdem sehr interaktiv. Sie schauen sich Videos nicht nur passiv an; sie liken, kommentieren, teilen und erstellen sogar ihre eigenen Versionen beliebter Inhalte. Dieser interaktive Aspekt bietet Marken eine großartige Chance, direkt mit ihrem Publikum in Kontakt zu treten. Die Förderung benutzergenerierter Inhalte, das Initiieren von Challenges und das aktive Reagieren auf Kommentare können dazu beitragen, eine loyale Community rund um eine Marke aufzubauen.

Zusammenfassend lässt sich sagen, dass das Publikum von TikTok jung, trendbewusst und sehr interaktiv ist. Durch das Verständnis dieser demografischen Merkmale und Verhaltensweisen können Modemarken ihre Inhalte so anpassen, dass sie eine bessere Verbindung zu ihrem Publikum herstellen, was zu mehr Engagement und Erfolg auf der Plattform führt.

Warum TikTok Für Modemarken Wichtig Ist

TikTok hat die Modebranche revolutioniert, indem es eine äußerst ansprechende und optisch ansprechende

Plattform bietet. Einer der Hauptgründe für die Bedeutung von TikTok ist seine Fähigkeit, ein riesiges, globales Publikum zu erreichen. Mit Millionen aktiver Benutzer können Modemarken ihre Produkte einer breiten und vielfältigen Gruppe von Menschen weltweit präsentieren.

Das Format der Plattform ist ideal für Modeinhalte. Kurze, ansprechende Videos ermöglichen es Marken, ihre Produkte auf dynamische und innovative Weise zu präsentieren. Ob es sich um einen schnellen Styling-Tipp, einen Blick hinter die Kulissen eines Fotoshootings oder die Enthüllung einer neuen Kollektion handelt, TikToks videozentrierte Natur ermöglicht es Modemarken, ihre Geschichte effektiver zu erzählen als statische Bilder.

Der Algorithmus von TikTok steigert seinen Wert für Modemarken erheblich. Im Gegensatz zu anderen Social-Media-Plattformen, bei denen das Gewinnen eines großen Publikums normalerweise eine beträchtliche Follower-Basis erfordert, ermöglicht der Algorithmus von TikTok jedem Benutzer, potenziell viral zu gehen. Dies bietet sogar kleineren Marken die Möglichkeit einer erheblichen Sichtbarkeit, wenn ihre Inhalte bei den Benutzern Anklang finden. Für Modemarken bedeutet dies, dass neue Kollektionen oder besondere Stücke Millionen von Zuschauern erreichen können.

Die trendorientierte Kultur von TikTok ist ein weiterer entscheidender Aspekt. Mode lebt davon, Trends immer einen Schritt voraus zu sein, und TikTok ist ein Nährboden für viele dieser Trends. Indem sie sich an trendigen Herausforderungen beteiligen und beliebte Sounds verwenden, können Modemarken sich an die Spitze dessen stellen, was neu und aufregend ist. Dies erhöht nicht nur die Markensichtbarkeit, sondern verbindet die Marke auch mit aktuellen kulturellen Trends.

Darüber hinaus ermöglicht TikToks interaktive Benutzerbasis Marken, tiefere Verbindungen zu ihrem Publikum aufzubauen. Wenn Benutzer aufgefordert werden, an Herausforderungen teilzunehmen, Marken-Hashtags zu verwenden oder Inhalte mit ihren Produkten zu erstellen, kann dies ein starkes Gemeinschaftsgefühl und Loyalität fördern.

Zusammenfassend bietet TikTok Modemarken eine einzigartige Plattform, um ihre Produkte kreativ zu präsentieren, mit einem globalen Publikum zu interagieren und Trends immer einen Schritt voraus zu sein. Es ist ein Raum, in dem Authentizität und Kreativität geschätzt werden, was es zu einem unverzichtbaren Werkzeug für jede Modemarke macht, die einen bedeutenden Einfluss erzielen möchte.

Fallstudien: Erfolgreiche Modemarken Auf TikTok

Die Beobachtung des Erfolgs von Modemarken auf TikTok bietet wertvolle Erkenntnisse über effektive

Strategien. Ein bemerkenswertes Beispiel ist Guess. Zu Beginn des Aufstiegs von TikTok initiierte Guess die #InMyDenim-Challenge und ermutigte Benutzer, ihre Transformation von lässigen Outfits zu stylischen Denim-Looks zu teilen. Diese Challenge wurde viral, sammelte Millionen von Aufrufen und erhöhte die Sichtbarkeit der Marke auf der Plattform erheblich.

Gymshark, bekannt für seine Fitnessbekleidung, zeichnet sich durch die Erstellung ansprechender, fitnessbezogener Inhalte aus. Sie arbeiten häufig mit Fitness-Influencern zusammen, die ihre Produkte in Trainingsroutinen präsentieren und Inhalte produzieren, die sowohl motivierend als auch eng mit ihrer Marke verbunden sind. Diese Strategie bewirbt nicht nur ihre Produkte, sondern fördert auch eine Community von Fitnessbegeisterten rund um ihre Marke.

Fashion Nova, ein Fast-Fashion-Händler, hat auf TikTok ebenfalls bemerkenswerte Erfolge erzielt. Sie veröffentlichen regelmäßig Videos mit Influencern und

Alltagsnutzern, die ihre Kleidung in verschiedenen Umgebungen tragen. Durch das Teilen von benutzergenerierten Inhalten hält Fashion Nova ihren Feed nachvollziehbar und dynamisch. Dieser Ansatz hat ihnen geholfen, eine große Fangemeinde aufzubauen und ein Gemeinschaftsgefühl unter ihren Kunden zu fördern.

Aritzia, eine Damenmodemarke, geht einen anderen Weg, indem sie sich auf hochwertige, ästhetisch ansprechende Inhalte konzentriert, die ihre Zielgruppe ansprechen. Sie nutzen TikTok, um ihre neuesten Kollektionen auf kreative Weise zu präsentieren, wobei sie häufig beliebte Sounds und Trends einbeziehen. Ihre ausgefeilten und trendigen Videos kommen bei ihrem modebewussten Publikum gut an und verbessern ihr Markenimage und Engagement.

Diese Marken waren erfolgreich, indem sie das Publikum von TikTok verstanden und ihre Inhalte darauf zugeschnitten haben. Sie nutzen Trends, arbeiten mit Influencern zusammen und fördern die Beteiligung der

Benutzer, während sie gleichzeitig eine starke Markenidentität bewahren. Diese Fallstudien zeigen, dass Modemarken mit dem richtigen Ansatz TikTok effektiv nutzen können, um ihre Sichtbarkeit zu erhöhen, mit ihrem Publikum in Kontakt zu treten und den Umsatz zu steigern. Die Analyse dieser Beispiele kann Inspiration und Strategien liefern, um Ihre eigenen TikTok-Marketingbemühungen zu verbessern.

Kapitel 2

Entwickeln Sie die TikTok-Strategie Ihrer Marke

Nachdem wir nun die Grundlagen von TikTok behandelt und erfolgreiche Beispiele untersucht haben, ist es an der Zeit, sich mit der Ausarbeitung Ihrer eigenen Markenstrategie zu befassen. Die Entwicklung einer effektiven TikTok-Strategie geht über das bloße Posten von Videos hinaus; sie erfordert durchdachte Planung, Kreativität und ein tiefes Verständnis der unverwechselbaren Stimme und Ziele Ihrer Marke.

Zunächst ist es entscheidend, klare Ziele zu setzen. Was möchten Sie auf TikTok erreichen? Konzentrieren Sie sich darauf, die Markenbekanntheit zu steigern, den Website-Verkehr zu erhöhen oder den Umsatz zu steigern? Klar definierte Ziele werden tatsächlich Ihre

Inhaltserstellung und auch Ihre Gesamtstrategie leiten. Ohne konkrete Ziele kann man sich leicht im ständigen Strom von Trends und Inhalten der Plattform verlieren.

Als Nächstes ist es wichtig, Ihre Zielgruppe zu identifizieren. Wenn Sie wissen, wen Sie erreichen möchten, wird dies die Art der von Ihnen erstellten Inhalte bestimmen. Das Publikum von TikTok ist vielfältig, daher kann die genaue Bestimmung einer bestimmten demografischen Gruppe die Wirksamkeit Ihrer Bemühungen steigern. Berücksichtigen Sie bei der Definition Ihrer Zielgruppe Faktoren wie Alter, Interessen und Verhaltensweisen, damit Sie Inhalte erstellen können, die bei Ihren gewünschten Zuschauern Anklang finden und sie fesseln.

Auch die Analyse der Konkurrenz kann wertvolle Erkenntnisse liefern. Studieren Sie die Strategien anderer Modemarken auf TikTok, insbesondere derjenigen, die Erfolg hatten. Welche Arten von Inhalten teilen sie? Wie interagieren sie mit ihrem Publikum? Wenn Sie von ihren

Ansätzen lernen, können Sie häufige Fehler vermeiden und neue Möglichkeiten entdecken.

Konsistenz spielt auf TikTok eine entscheidende Rolle. Die Entwicklung eines Inhaltskalenders kann Ihnen helfen, organisiert zu bleiben und einen stetigen Fluss von Beiträgen sicherzustellen. Regelmäßige Updates halten Ihr Publikum bei der Stange und sorgen für Sichtbarkeit. Es geht jedoch nicht nur um Häufigkeit; die Qualität und Kreativität Ihrer Inhalte sind ebenso wichtig.

Und schließlich: Experimentieren Sie. TikTok belohnt Kreativität und Originalität. Testen Sie verschiedene Formate, nehmen Sie an trendigen Herausforderungen teil und hören Sie auf das Feedback Ihres Publikums. Wenn Sie anpassungsfähig und offen für neue Konzepte bleiben, bleiben Ihre Inhalte dynamisch und relevant.

In diesem Kapitel werden wir uns eingehend mit diesen Aspekten befassen und Sie mit den Strategien und Tools ausstatten, die Sie benötigen, um eine TikTok-Strategie zu entwickeln, die Ihre Modemarke stärkt. Beginnen wir mit der Erstellung eines Plans, der Aufmerksamkeit erregt und bedeutende Ergebnisse liefert.

Klare Ziele Und Vorgaben Festlegen

Bevor Sie mit der Erstellung von Inhalten für TikTok beginnen, müssen Sie unbedingt klare Ziele und Vorgaben für Ihre Marke festlegen. Diese Ziele dienen Ihnen als Fahrplan, leiten Ihre Strategie und helfen Ihnen, Ihren Erfolg auf der Plattform zu messen.

Bestimmen Sie zunächst, was Sie mit TikTok erreichen möchten. Möchten Sie die Markenbekanntheit bei jüngeren Zielgruppen steigern? Möchten Sie den Verkehr zu Ihrem Online-Shop steigern oder Leads für Ihre neueste Modelinie generieren? Indem Sie spezifische, messbare Ziele festlegen, z. B. das Erreichen einer bestimmten Anzahl von Followern, die Erhöhung der Engagement-Raten oder das Erreichen eines Conversion-Ziels, können Sie Ihre Inhalte und Taktiken auf diese Ziele zuschneiden.

Stellen Sie sicher, dass Ihre TikTok-Ziele mit Ihren allgemeinen Marketing- und Geschäftszielen übereinstimmen. Ihre Strategie auf TikTok sollte Ihre umfassendere Markenstrategie ergänzen und Ihre Markenbotschaft und -werte verstärken. Wenn beispielsweise Nachhaltigkeit ein zentraler Wert Ihrer Marke ist, könnten Ihre TikTok-Inhalte umweltfreundliche Modetipps hervorheben oder Ihre ethischen Produktionsprozesse präsentieren.

Denken Sie auch über den Zeitplan nach, bis zu dem Sie Ihre Ziele erreichen möchten. Konzentrieren Sie sich auf kurzfristige Erfolge, z. B. den Start einer neuen Produktkampagne, oder streben Sie einen langfristigen Markenaufbau an? Das Setzen realistischer Zeitpläne hilft Ihnen, die Verantwortung zu übernehmen, und ermöglicht Anpassungen auf der Grundlage von Leistungserkenntnissen, die aus TikTok-Analysen gewonnen wurden.

Seien Sie darauf vorbereitet, Ihre Ziele anzupassen und zu verfeinern, wenn Sie mehr Erfahrung auf TikTok sammeln. Aufgrund der dynamischen Natur der Plattform können sich Trends und Publikumspräferenzen schnell ändern. Anpassungsfähig zu sein und bereit zu sein, Ihre Strategie auf der Grundlage datengesteuerter Erkenntnisse neu auszurichten, hilft Ihnen, Trends immer einen Schritt voraus zu sein und in der schnelllebigen Welt der sozialen Medien relevant zu bleiben.

Indem Sie klare Ziele und Vorgaben für Ihre TikTok-Strategie festlegen, schaffen Sie eine solide Grundlage für die Erstellung von Inhalten, die bei Ihrem Publikum Anklang finden und aussagekräftige Ergebnisse für Ihre Modemarke erzielen. In den folgenden Abschnitten besprechen wir, wie Sie diese Ziele in umsetzbare Schritte und effektive Inhaltsstrategien umsetzen können.

Identifizieren Sie Ihre Zielgruppe

Das Verständnis Ihrer Zielgruppe ist der Schlüssel zur Erstellung ansprechender Inhalte auf TikTok. Beginnen Sie mit der Darstellung demografischer Details wie Alter, Geschlecht, Standort und Einkommensniveau, die zum Angebot Ihrer Modemarke passen. Wenn sich Ihre Marke beispielsweise auf trendige Streetwear konzentriert, könnte Ihr Zielmarkt aus jüngeren, in der Stadt lebenden Personen bestehen, die sich für zukunftsweisende Mode interessieren.

Denken Sie neben demografischen Merkmalen auch an psychografische Faktoren wie Interessen, Werte und Lebensstilentscheidungen. Sind Ihre potenziellen Kunden umweltbewusst, luxusorientiert oder fitnessbegeistert? Wenn Sie diese Aspekte berücksichtigen, können Sie Inhalte erstellen, die ihren Interessen und Werten entsprechen und eine stärkere Verbindung herstellen.

Die Analyse Ihres aktuellen Kundenstamms kann auch nützliche Einblicke in Ihr potenzielles TikTok-Publikum liefern. Untersuchen Sie Daten von anderen Social-Media-Plattformen, Kundenumfragen und Website-Analysen, um Trends und Vorlieben zu identifizieren. Diese Informationen können Ihre Inhaltsstrategie und Ihre Botschaften beeinflussen, um Ihre Zielgruppe auf TikTok besser anzusprechen.

Beobachten Sie außerdem das Verhalten des Publikums auf TikTok. Mit welchen Arten von Inhalten interagieren sie tatsächlich? Welchen Hashtags und Trends folgen sie? Indem Sie in die TikTok-Community eintauchen und die Interaktionen der Benutzer überwachen, können Sie besser verstehen, was ihre Aufmerksamkeit erregt und ihr Engagement fördert.

Durch die Erstellung eindeutiger Zielgruppenpersönlichkeiten können Sie Ihre Zielgruppenansprache weiter verfeinern. Entwickeln Sie fiktive Profile Ihrer idealen Kunden basierend auf gemeinsamen Merkmalen und Verhaltensweisen. Mit diesem Ansatz können Sie Ihre Inhalte und Nachrichten personalisieren, um auf bestimmte Bedürfnisse und Interessen einzugehen und so die Relevanz und Verbindung zu Ihrer Zielgruppe zu verbessern.

Die Identifizierung Ihrer Zielgruppe erfordert eine Mischung aus demografischen, psychografischen und verhaltensbezogenen Erkenntnissen. Wenn Sie verstehen, wer Ihre Zielgruppe ist und was sie motiviert, können Sie TikTok-Inhalte erstellen, die ihre Vorlieben direkt ansprechen und ein sinnvolles Engagement für Ihre Modemarke fördern.

Analyse Der Wettbewerber

Die Analyse Ihrer Konkurrenten auf TikTok bietet wertvolle Einblicke in erfolgreiche Strategien in Ihrer Branche und kann neue Ideen für Ihre Content-Strategie inspirieren. Beginnen Sie damit, wichtige Konkurrenten zu identifizieren, darunter andere Modemarken oder Influencer, die eine ähnliche Zielgruppe haben und auf TikTok aktiv sind.

Beobachten Sie die Art der Inhalte, die sie produzieren. Legen sie Wert auf Produktpräsentationen, Blicke hinter die Kulissen oder benutzergenerierte Inhalte? Achten Sie auf ihren Ton, ihren visuellen Stil und ihre Markenkonsistenz. Das Verständnis dieser Aspekte kann Ihnen helfen, Ihre Marke hervorzuheben und einzigartige Wege zu finden, um Ihr Publikum zu begeistern.

Achten Sie auf ihre Engagement-Kennzahlen wie Likes, Kommentare und Shares. Hohe Engagement-Raten deuten auf Inhalte hin, die bei ihrem Publikum Anklang finden, und geben Hinweise darauf, was für Ihr Publikum funktionieren könnte.

Untersuchen Sie ihre Nutzung von TikTok-Funktionen, einschließlich trendiger Sounds, Effekte und

Herausforderungen. Nehmen sie an viralen Trends teil oder kreieren sie ihre eigenen? Die Analyse, wie Konkurrenten diese Funktionen nutzen, kann Ihnen Ideen für Ihre eigenen Inhalte geben und Ihnen helfen, über die sich ändernden Trends auf TikTok auf dem Laufenden zu bleiben.

Verfolgen Sie außerdem ihr Follower-Wachstum und ihre Publikumsinteraktionen im Laufe der Zeit. Gewinnen sie stetig neue Follower oder erleben sie während bestimmter Kampagnen oder Content-Veröffentlichungen Spitzenwerte? Das Verständnis ihrer Wachstumsmuster kann Ihre eigenen Strategien beeinflussen und Ihnen helfen, Marktveränderungen vorherzusagen.

Der Zweck der Analyse von Wettbewerbern auf TikTok besteht nicht darin, sie zu kopieren, sondern zu innovieren. Indem Sie aus ihren Erfolgen lernen und Lücken oder Chancen identifizieren, können Sie Ihre TikTok-Strategie verfeinern, um Ihre Modemarke besser zu positionieren und Ihre Zielgruppe effektiv anzuziehen und zu binden.

Abstimmung der TikTok-Strategie mit der allgemeinen Markenstrategie

Die Integration Ihrer TikTok-Strategie in Ihre umfassendere Markenstrategie ist entscheidend, um Konsistenz zu wahren und Ihre Markenidentität auf allen Plattformen zu stärken. Beginnen Sie damit, die Grundwerte und Alleinstellungsmerkmale Ihrer Marke noch einmal zu betrachten. Diese sollten die Grundlage Ihres TikTok-Inhalts bilden und zeigen, was Ihre Modemarke von der Konkurrenz unterscheidet.

Überlegen Sie, wie Ihre Markenstimme auf TikTok ankommt. Ob verspielt, inspirierend oder informativ – ein einheitlicher Ton trägt dazu bei, Markenbekanntheit und Authentizität aufzubauen. Wenn Sie Ihren TikTok-

Inhalt an der etablierten Stimme und den Werten Ihrer Marke ausrichten, stärken Sie die Verbindung zu Ihrem Publikum und betonen, warum es sich mit Ihrer Marke beschäftigen sollte.

Stellen Sie außerdem sicher, dass Ihr TikTok-Inhalt mit Ihren allgemeinen Marketingzielen übereinstimmt. Unabhängig davon, ob Ihr Ziel darin besteht, die Markenbekanntheit zu steigern, den Verkehr auf Ihrer Website zu erhöhen oder den Umsatz zu steigern, sollte jeder Inhalt zu diesen Zielen beitragen. Diese Ausrichtung stellt sicher, dass Ihre TikTok-Bemühungen nicht nur kreativ, sondern auch strategisch wirkungsvoll sind und ihre Wirksamkeit im Rahmen Ihrer umfassenderen Marketingstrategie maximieren.

Visuelle Kohärenz ist ebenfalls wichtig. Ihre TikTok-Videos sollten die ästhetische und visuelle Identität Ihrer Marke widerspiegeln. Einheitliche Farbschemata und Bearbeitungsstile stärken die Markenbekanntheit und erhöhen die professionelle Anziehungskraft Ihrer Inhalte.

Passen Sie schließlich Ihre TikTok-Strategie an, um andere Marketingkanäle zu ergänzen. Überlegen Sie, wie sich TikTok in Plattformen wie Instagram, Facebook oder Ihre Website integrieren lässt. Durch Cross-Promotion von Inhalten und die Beibehaltung einer einheitlichen Botschaft über alle Kanäle hinweg erhöhen Sie die Markensichtbarkeit und fördern die Einbindung des Publikums über mehrere Kontaktpunkte hinweg.

Indem Sie Ihre TikTok-Strategie an Ihrer allgemeinen Markenstrategie ausrichten, schaffen Sie ein stimmiges Markenerlebnis, das bei Ihrem Publikum Anklang findet und Ihre Position in der wettbewerbsintensiven Modebranche stärkt. Dieser einheitliche Ansatz verbessert nicht nur die Markenkonsistenz, sondern fördert auch sinnvolle Verbindungen und langfristige Loyalität bei Ihren Kunden.

Kapitel 3

Ansprechende Inhalte erstellen

Das Erstellen ansprechender Inhalte ist für eine erfolgreiche TikTok-Strategie von zentraler Bedeutung. In diesem Kapitel erfahren Sie, wie Sie Videos erstellen, die Aufmerksamkeit erregen, zur Interaktion anregen und die Persönlichkeit Ihrer Marke zur Geltung bringen.

Bei TikTok dreht sich alles um Kreativität und Authentizität. Im Gegensatz zu anderen Plattformen legen TikTok-Benutzer Wert auf unverfälschte, ungefilterte Inhalte, die sich authentisch anfühlen. Das bedeutet, dass Sie kein großes Budget oder ausgefallene Ausrüstung benötigen, um Eindruck zu machen. Konzentrieren Sie sich stattdessen auf das Geschichtenerzählen und darauf, authentisch zu sein. Ob es sich um einen Blick hinter die Kulissen Ihres

Designprozesses oder einen offenen Moment mit Ihrem Team handelt, das Zeigen der authentischen Seite Ihrer Marke kann eine stärkere Verbindung zu den Zuschauern herstellen.

Herauszufinden, welche Art von Inhalten für Ihre Marke am besten geeignet ist, ist entscheidend. Interessieren sich Ihre Follower für Styling-Tipps, DIY-Mode-Hacks oder die neuesten Trends? Experimentieren Sie gut mit verschiedenen Formaten, um zu sehen, was ankommt. Scheuen Sie sich nicht, Neues auszuprobieren – TikTok lebt von Spontaneität und Experimentierfreude. Je mehr Sie erkunden, desto besser werden Sie verstehen, was bei Ihrem Publikum ankommt.

Musik und Trends sind auf TikTok wichtig. Durch die Verwendung beliebter Sounds und die Teilnahme an viralen Challenges können Sie Ihren Inhalten helfen, ein breiteres Publikum zu erreichen. Bleiben Sie über die neuesten Trends auf dem Laufenden und überlegen Sie, wie Sie diese kreativ in Ihre Videos integrieren können, ohne dabei Ihrer Marke zu verfallen.

Engagement ist bei TikTok von entscheidender Bedeutung. Ermutigen Sie Ihre Follower, mit Ihren Inhalten zu interagieren, indem Sie Fragen stellen, Challenges durchführen oder interaktive Funktionen wie Umfragen und Duette verwenden. Je mehr Sie mit Ihrem Publikum interagieren, desto wahrscheinlicher ist es, dass es sich auch bei Ihnen meldet, was Ihre Sichtbarkeit auf der Plattform erhöht.

In diesem Kapitel werden wir diese Strategien genauer untersuchen und Tipps und Beispiele geben, die Ihnen dabei helfen, Inhalte zu erstellen, die nicht nur unterhalten, sondern auch sinnvolles Engagement für Ihre Modemarke fördern. Machen Sie sich bereit, Ihrer Kreativität freien Lauf zu lassen und einen bleibenden Eindruck auf TikTok zu hinterlassen.

Arten von Inhalten, die gut funktionieren

Für den Erfolg auf TikTok ist es entscheidend, Inhalte zu erstellen, die Ihr Publikum ansprechen. Obwohl die Plattform von Kreativität lebt, funktionieren bestimmte Arten von Inhalten durchweg gut und können die Sichtbarkeit Ihrer Marke erhöhen.

1. Herausforderungen und Trends: Die Teilnahme an beliebten Herausforderungen und Trends ist eine hervorragende Möglichkeit, die Reichweite Ihrer Inhalte zu erhöhen. Ob Tanzherausforderung oder viraler Hashtag – die Teilnahme zeigt, dass Ihre Marke mit den aktuellen Trends auf dem Laufenden ist. Fügen Sie Ihren einzigartigen Twist hinzu, um Ihre Inhalte wirklich hervorzuheben.
2. Blick hinter die Kulissen: Zuschauer sehen gerne den Prozess hinter ihren Lieblingsprodukten. Das Teilen von Aufnahmen hinter den Kulissen, in denen Ihre Modestücke entworfen, produziert oder gestylt werden, kann eine tiefere Verbindung zu

Ihrem Publikum aufbauen. Es verleiht Ihrer Marke ein menschliches Gesicht und bietet Followern einen Einblick in Ihren kreativen Prozess.

3. Styling-Tipps und Tutorials: Lehrreiche Inhalte wie Styling-Tipps und Tutorials werden sehr geschätzt. Zeigen Sie Ihrem Publikum verschiedene Möglichkeiten, Ihre Stücke zu tragen, oder geben Sie Ratschläge zu Modetrends. Diese Art von Inhalten positioniert Ihre Marke als Experten und bietet Ihren Zuschauern einen praktischen Mehrwert.

4. Benutzergenerierte Inhalte: Ermutigen Sie Ihre Kunden, tatsächlich Inhalte mit Ihren Produkten zu erstellen. Das Teilen benutzergenerierter Inhalte liefert soziale Beweise und hilft beim Aufbau einer Community rund um Ihre Marke. Es zeigt, dass echte Menschen Ihre Produkte lieben und verwenden, wodurch sie für potenzielle Kunden greifbarer werden.

5. Zusammenarbeit mit Influencern: Die Zusammenarbeit mit Influencern kann Ihre

Reichweite erheblich erweitern. Influencer bringen ihr eigenes Publikum und ihre Glaubwürdigkeit mit und stellen Ihre Marke neuen Followern vor. Wählen Sie Influencer, deren Stil zu Ihrer Marke passt, um optimale Ergebnisse zu erzielen.

6. Produkteinführungen und Ankündigungen: Verwenden Sie TikTok, um Aufregung rund um neue Produkteinführungen oder wichtige Ankündigungen zu erzeugen. Teaser, Countdowns und Enthüllungsvideos können bei Ihren Followern Vorfreude wecken.

7. Unterhaltsame Inhalte: Bei TikTok geht es im Grunde um Unterhaltung. Lustige, humorvolle oder visuell ansprechende Inhalte können Zuschauer fesseln und zum Teilen anregen. Scheuen Sie sich nicht, die leichtere Seite Ihrer Marke zu zeigen und Spaß mit Ihren Inhalten zu haben.

Indem Sie mit diesen Inhaltstypen experimentieren, können Sie herausfinden, was für Ihre Marke und Ihr

Publikum am besten funktioniert. Der Schlüssel liegt darin, authentisch zu bleiben, kreativ zu sein und kontinuierlich zu experimentieren, um herauszufinden, was bei Ihren Followern am besten ankommt.

Die Kunst des Geschichtenerzählens in der Mode

Storytelling ist ein wesentliches Element im Modemarketing, da es dabei hilft, eine tiefere emotionale Verbindung zu Ihrem Publikum aufzubauen. Es geht über die bloße Präsentation Ihrer Produkte hinaus und verwandelt Ihre Marke in etwas Einprägsames und Bedeutungsvolles.

Beginnen Sie damit, über die Ursprünge Ihrer Marke nachzudenken. Warum wurde sie geschaffen? Was treibt Ihre Designs an? Indem Sie Ihren Werdegang, Ihre Werte und Ihre Inspirationen teilen, schaffen Sie eine nachvollziehbare Erzählung für Ihr Publikum. Menschen neigen dazu, sich eher mit einer Marke zu identifizieren, die eine fesselnde Geschichte hat, als mit einer, die sich ausschließlich auf den Verkauf von Produkten konzentriert.

Jede Kollektion oder jedes einzelne Stück kann auch seine eigene Geschichte haben. Was hat die Designs für diese Saison inspiriert? Gibt es ein bestimmtes Thema oder eine bestimmte Botschaft, die Sie ausdrücken möchten? Wenn Ihre neueste Kollektion beispielsweise Vintage-Mode verwendet, besprechen Sie die Geschichte und Nostalgie, die Ihre Kreationen beeinflusst haben. Dies fügt Ihren Produkten Ebenen hinzu und bietet Ihrem Publikum etwas Nachvollziehbares und Aufregendes.

Storytelling umfasst mehr als Worte; Visuelles ist ebenso wichtig. Verwenden Sie hochwertige Bilder und Videos, um Ihre Geschichte zu illustrieren. Präsentieren Sie Ihre Produkte in verschiedenen Umgebungen, erzählen Sie ihren Entstehungsprozess und heben Sie ihre einzigartigen Merkmale hervor. Inhalte hinter den Kulissen können besonders spannend sein und einen Einblick in Ihren kreativen Prozess bieten.

Integrieren Sie auch die Geschichten Ihrer Kunden. Benutzergenerierte Inhalte und Erfahrungsberichte verleihen Ihrer Erzählung Authentizität. Wenn Sie echte Menschen zeigen, die Ihre Produkte tragen und ihre Erfahrungen teilen, fördert dies ein Gemeinschaftsgefühl und Vertrauen in Ihre Marke.

Bewahren Sie vor allem die Authentizität. Authentisches Geschichtenerzählen schafft Vertrauen und Loyalität. Scheuen Sie sich nicht, die menschliche Seite Ihrer Marke zu enthüllen, einschließlich der Höhen und Tiefen. Ihr Publikum wird die Ehrlichkeit und Echtheit zu schätzen wissen, was die Wahrscheinlichkeit erhöht, dass sie zu treuen Kunden werden.

Die Integration von Geschichtenerzählen in Ihre TikTok-Strategie kann Ihrer Marke helfen, sich in einem wettbewerbsintensiven Markt abzuheben. Es geht darum, Verbindungen zu knüpfen, Emotionen zu wecken und Ihrem Publikum das Gefühl zu geben, Teil der Reise Ihrer Marke zu sein.

Die Funktionen von TikTok nutzen: Musik, Effekte und Trends

TikTok hebt sich durch seine besonderen Merkmale von anderen sozialen Plattformen ab. Um Ihre Präsenz auf TikTok zu maximieren, ist es wichtig zu verstehen, wie Sie Musik, Effekte und Trends effektiv nutzen können.

Musik

Musik spielt auf TikTok eine zentrale Rolle. Die Einbindung trendiger Songs oder Sounds kann die Sichtbarkeit Ihrer Inhalte erheblich steigern. Bleiben Sie in der App über beliebte Titel auf dem Laufenden und berücksichtigen Sie deren Relevanz für Ihre Videos. Ob es sich um eine lebendige Kulisse für eine Modenschau oder eine Melodie handelt, die die Stimmung Ihrer Marke widerspiegelt, die Wahl der richtigen Musik kann Ihre Inhalte ansprechender und identifizierbarer machen. TikTok bietet eine große Auswahl an lizenzierter Musik, sodass Sie ganz einfach Titel finden, die zur Identität Ihrer Marke passen.

Effekte

TikTok bietet eine breite Palette an Effekten, um Ihren Videos Kreativität zu verleihen. Von visuellen Filtern, die die Ästhetik verbessern, bis hin zu interaktiven Effekten, die auf Gesten reagieren, können diese Tools Ihre Inhalte aufwerten. Experimentieren Sie mit verschiedenen Effekten, um herauszufinden, was am besten zu Ihrer Marke passt. Wenn Sie beispielsweise einen bestimmten Filter anwenden, der zum Stil Ihrer

Modelinie passt, können Sie einen einheitlichen Look in Ihren Videos beibehalten. Nehmen Sie neue Effekte an, sobald sie eingeführt werden; Wenn Sie mit den Funktionen von TikTok auf dem Laufenden bleiben, demonstrieren Sie die Flexibilität und Innovation Ihrer Marke.

Trends

Trends sind bei TikTok von entscheidender Bedeutung. Die Teilnahme an beliebten Challenges, Memes oder Hashtag-Trends kann die Reichweite Ihrer Inhalte erhöhen. Beobachten Sie Trendthemen auf der Plattform und überlegen Sie, wie Sie diese in Ihre Videos integrieren können, ohne dabei Ihrer Marke zu misstrauen. Wenn es beispielsweise eine trendige Tanz-Challenge gibt, sollten Sie in Erwägung ziehen, Ihr Team oder Influencer in Ihrer neuesten Kollektion dabei zu zeigen. Dadurch bleiben Ihre Inhalte nicht nur relevant, sondern auch ansprechend und unterhaltsam für die Zuschauer.

Indem Sie Musik, Effekte und Trends effektiv nutzen, können Sie dynamische und fesselnde TikTok-Inhalte erstellen, die bei Ihrem Publikum Anklang finden. Diese Funktionen ermöglichen es Ihnen, die Kreativität Ihrer Marke zu präsentieren und frische, anregende Inhalte bereitzustellen. Nutzen Sie die einzigartigen Tools von TikTok, um Ihre Videos zu bereichern und auf innovative Weise tiefere Verbindungen zu Ihrem Publikum aufzubauen.

Inhaltskalender und Konsistenz

Die Entwicklung eines Inhaltskalenders und die Aufrechterhaltung der Regelmäßigkeit sind entscheidend für den Erfolg auf TikTok. Regelmäßiges Posten hält nicht nur Ihr Publikum bei der Stange, sondern stärkt auch die Sichtbarkeit Ihrer Marke auf der Plattform.

Inhaltskalender

Ein Inhaltskalender dient als Planungstool, um Posts im Voraus zu organisieren und zu planen. Beginnen Sie damit, Ihre Posting-Häufigkeit zu bestimmen. Es gibt zwar keine universelle Regel, aber das Ziel, mehrere Posts pro Woche zu veröffentlichen, kann die Sichtbarkeit aufrechterhalten. Strukturieren Sie Ihre Inhalte nach Themen oder Kampagnen; legen Sie bestimmte Tage für Einblicke hinter die Kulissen, Styling-Tipps oder benutzergenerierte Inhalte fest. Dieser Ansatz verbessert nicht nur die Organisation, sondern sorgt auch für eine vielfältige Palette an Inhalten, um das Interesse des Publikums aufrechtzuerhalten.

Nutzen Sie den Kalender, um bevorstehende Veranstaltungen, Feiertage oder Produkteinführungen zu planen. Indem Sie Posts im Voraus planen, können Sie zeitnahe und relevante Inhalte ohne Last-Minute-Druck erstellen. Diese Strategie bietet auch die Flexibilität, aufkommende TikTok-Trends in Ihre geplanten Inhalte zu integrieren.

Konsistenz

Konsistenz spielt eine entscheidende Rolle beim Aufbau einer engagierten TikTok-Fangemeinde. Regelmäßiges Posten hält die Bekanntheit Ihrer Marke im Gedächtnis Ihrer Follower. Neben der Häufigkeit stärkt die Beibehaltung einer einheitlichen Markenstimme und eines einheitlichen visuellen Stils die Markenidentität und erleichtert die sofortige Wiedererkennung.

Engagement ist ebenfalls ein wesentlicher Bestandteil der Konsistenz. Das Reagieren auf Kommentare, die Interaktion mit Followern und die aktive Teilnahme an Trends zeigen das Engagement Ihrer Marke innerhalb der

TikTok-Community. Diese Aktionen fördern tiefere Verbindungen zu Ihrem Publikum und führen zu einer verstärkten Interaktion mit Ihren Inhalten.

Das Erstellen und Einhalten eines Inhaltskalenders gewährleistet einen stetigen Veröffentlichungsplan, der das Wachstum der Follower und das gesteigerte Engagement im Laufe der Zeit fördert. Indem Sie organisiert bleiben und sich an ein konsistentes Veröffentlichungsschema halten, können Sie eine starke Präsenz auf TikTok aufbauen und effektiv mit Ihrem Publikum interagieren.

Kapitel 4

Einflussfaktoren und Kooperationen nutzen

Im Bereich TikTok spielen Influencer und Partnerschaften eine wichtige Rolle bei der Ausweitung der Reichweite Ihrer Marke. Die Zusammenarbeit mit den richtigen Influencern kann Ihre Modelinie einem breiteren Publikum vorstellen, Begeisterung erzeugen und die Glaubwürdigkeit Ihrer Marke stärken.

Influencer sind Personen, die eine beträchtliche Fangemeinde angehäuft haben und Einfluss auf die Meinungen und Handlungen ihres Publikums ausüben. Sie reichen von Mega-Influencern mit Millionen von Followern bis hin zu Mikro-Influencern, die sich an spezialisiertere, engagiertere Communities richten. Jeder

Influencer-Typ bietet unterschiedliche Vorteile, abhängig von Ihren Kampagnenzielen und Ihrer Zielgruppe.

Durch die Partnerschaft mit Influencern können Sie deren etabliertes Vertrauen und ihre Verbindung zu ihren Followern nutzen. Eine authentische Empfehlung eines Influencers kann Interesse und Interaktion bei seinem Publikum wecken, was für Modemarken besonders wirksam ist, da Influencer oft Trends diktieren und den Geschmack ihrer Follower beeinflussen.

Die Auswahl der richtigen Influencer ist entscheidend. Suchen Sie nach Influencern, deren Stil und Werte mit Ihrer Marke harmonieren. Authentizität ist von größter Bedeutung; Ein Influencer, der wirklich von Ihren Produkten begeistert ist und sie verwendet, wird bei seinen Followern besser ankommen. Bewerten Sie ihre Engagement-Kennzahlen und die demografischen Merkmale ihres Publikums, um sicherzustellen, dass sie mit den Zielen Ihrer Marke übereinstimmen.

In diesem Kapitel werden verschiedene Strategien zur Identifizierung und Zusammenarbeit mit Influencern behandelt. Es werden Ansätze zur Initiierung von Partnerschaften, zur Aushandlung von Bedingungen und zur Erstellung von Inhalten behandelt, von denen beide Parteien profitieren. Darüber hinaus werden Methoden zur Bewertung des Erfolgs dieser Kooperationen behandelt, um sicherzustellen, dass sie einen positiven Return on Investment erzielen.

Indem Sie Influencer und Partnerschaften effektiv nutzen, können Sie die Sichtbarkeit Ihrer Marke erhöhen und sinnvolle Verbindungen zu potenziellen Kunden aufbauen. Dieses Kapitel soll Ihnen die Erkenntnisse und Tools vermitteln, die Sie benötigen, um erfolgreiche Beziehungen zu Influencern aufzubauen, die das Wachstum und Engagement Ihrer Modemarke fördern.

Die richtigen Influencer für Ihre Marke finden

Die richtigen Influencer für Ihre Marke zu finden, ist entscheidend, um effektive Partnerschaften zu bilden, die bei Ihrem Publikum Anklang finden. So finden Sie sie:

1. Klären Sie Ihre Ziele: Definieren Sie zunächst, was Sie durch die Zusammenarbeit mit Influencern erreichen möchten. Konzentrieren Sie sich darauf, die Markenbekanntheit zu erhöhen, den Umsatz zu steigern oder eine neue Produktlinie zu bewerben? Wenn Sie Ihre Ziele verstehen, können Sie Influencer finden, die Ihre Ziele am besten unterstützen können.
2. Kennen Sie Ihr Publikum: Gewinnen Sie Einblicke in die Demografie, Interessen und Online-Verhaltensweisen Ihrer Zielgruppe. Dieses Wissen leitet Ihre Suche nach Influencern, deren Follower Ihrem Kundenprofil genau entsprechen. Social-Media-Analysetools bieten wertvolle Daten, um

Influencer zu identifizieren, deren Publikum Ihrem entspricht.

3. Recherchieren Sie potenzielle Influencer: Beginnen Sie damit, Influencer zu erkunden, die bereits in Ihrer Branche aktiv sind oder ähnliche Marken bewerben. Verwenden Sie relevante Hashtags, um Influencer zu finden, deren Inhalte mit dem Ethos Ihrer Marke übereinstimmen. Plattformen wie Instagram, YouTube und TikTok bieten Suchfunktionen, die diesen Prozess vereinfachen.

4. Engagement-Kennzahlen bewerten: Während eine hohe Anzahl an Followern beeindruckend ist, zeigen Engagement-Kennzahlen wie Likes, Kommentare und Shares die Wirkung eines Influencers an. Suchen Sie nach Influencern, deren Publikum aktiv mit ihren Posts interagiert und echtes Interesse an ihren Inhalten zeigt.

5. Qualität und Stil der Inhalte bewerten: Bewerten Sie die visuelle Attraktivität und Produktionsqualität der Inhalte eines Influencers.

Spiegelt es die ästhetischen Standards Ihrer Marke wider? Konsistente, qualitativ hochwertige Inhalte sind entscheidend, um das Image Ihrer Marke zu wahren und eine Verbindung zu Ihrem Publikum aufzubauen.

6. Authentizität und Ausrichtung: Wählen Sie Influencer aus, die wirklich mit den Werten Ihrer Marke übereinstimmen und Ihre Produkte authentisch bewerben können. Authentizität fördert Vertrauen und Glaubwürdigkeit und erhöht die Wirksamkeit ihrer Werbemaßnahmen bei den Followern.

7. Mikro- vs. Makro-Influencer: Überlegen Sie, welche Einflussgröße am besten zu Ihren Kampagnenzielen passt. Mikro-Influencer (10.000 - 100.000 Follower) weisen häufig höhere Engagement-Raten auf und sprechen Nischenpublikum an. Makro-Influencer (mehr als 100.000 Follower) bieten eine größere Reichweite, weisen aber möglicherweise etwas niedrigere Engagement-Raten pro Follower auf. Wählen Sie

basierend darauf, was besser zu Ihren spezifischen Zielen passt.

Indem Sie Influencer sorgfältig auswählen, die zu den Werten und Zielen Ihrer Marke passen, können Sie wirkungsvolle Partnerschaften aufbauen, die Engagement und Geschäftswachstum fördern. Dieser gezielte Ansatz gewährleistet Authentizität und Relevanz und kommt bei Ihrer Zielgruppe gut an.

Aufbau für beide Seiten vorteilhafter Beziehungen

Der Aufbau effektiver, für beide Seiten vorteilhafter Beziehungen zu Influencern ist für eine erfolgreiche Zusammenarbeit von entscheidender Bedeutung. Wenn sich beide Parteien wertgeschätzt und engagiert fühlen, führen Partnerschaften eher zu hervorragenden Ergebnissen.

1. Offene Kommunikation: Beginnen Sie mit transparenter und klarer Kommunikation. Definieren Sie Ihre Kampagnenziele, Erwartungen und den Arbeitsumfang klar. Wenn Sie sicherstellen, dass Influencer ihre Rolle und Ihre Ziele verstehen, können Sie Missverständnisse vermeiden und die Bemühungen aller aufeinander abstimmen.
2. Faire Vergütung: Respektieren Sie die Zeit und Bemühungen von Influencern, indem Sie ihnen eine faire Vergütung bieten, sei es durch Geldzahlungen, Produktproben oder eine Kombination. Die Anerkennung ihres Beitrags und eine angemessene Vergütung fördert Professionalität und Wohlwollen in der Partnerschaft.
3. Flexibilität und kreative Freiheit: Geben Sie Influencern kreativen Spielraum, um Inhalte zu erstellen, die ihren Stil authentisch widerspiegeln. Während Richtlinien wichtig sind, um die

Markenausrichtung aufrechtzuerhalten, können zu restriktive Regeln die Kreativität ersticken. Wenn man darauf vertraut, dass Influencer mit ihrer eigenen Stimme mit ihrem Publikum in Kontakt treten, führt dies oft zu ansprechenderen Inhalten.

4. Langfristige Beziehungen: Streben Sie nachhaltige Partnerschaften an, nicht einmalige Kooperationen. Langfristige Beziehungen ermöglichen es Influencern, eine tiefere Vertrautheit mit Ihrer Marke zu entwickeln, was zu authentischeren und effektiveren Inhalten führt. Kontinuierliche Unterstützung im Laufe der Zeit stärkt auch die Glaubwürdigkeit bei ihren Followern.

5. Wertschätzung zeigen: Zeigen Sie Dankbarkeit für die Beiträge der Influencer. Einfache Handlungen wie die Anerkennung ihrer Bemühungen, das Teilen ihrer Inhalte auf Ihren Plattformen und das Geben von positivem Feedback tragen zu einer positiven Arbeitsbeziehung bei.

6. Ressourcen bereitstellen: Statten Sie Influencer mit den erforderlichen Ressourcen aus, wie

hochwertigen Bildern, Produktproben oder Insider-Einblicken in Ihre Marke. Bessere Ressourcen ermöglichen es Influencern, überzeugende Inhalte zu erstellen, die bei ihrem Publikum Anklang finden und Ihre Produkte effektiv bewerben.

7. Erkenntnisse messen und teilen: Teilen Sie Kampagnenergebnisse mit Influencern, um die Auswirkungen ihrer Bemühungen zu veranschaulichen. Die Bereitstellung von Leistungsmetriken bestätigt nicht nur ihren Beitrag, sondern liefert auch Informationen für zukünftige Strategien. Diese kollaborative Feedbackschleife fördert kontinuierliche Verbesserung und gemeinsamen Erfolg.

Indem Sie diese Prinzipien einhalten, können Sie starke, für beide Seiten vorteilhafte Beziehungen zu Influencern aufbauen. Diese Partnerschaften steigern die Sichtbarkeit und Glaubwürdigkeit Ihrer Marke und fördern ein unterstützendes Umfeld, in dem beide Parteien erfolgreich sein und gemeinsame Ziele erreichen können.

Gestaltung effektiver Kooperationskampagnen

Die Erstellung einer erfolgreichen Kooperationskampagne mit Influencern erfordert eine gründliche Planung und eine gut definierte Strategie. Hier sind die wichtigsten Schritte, um sicherzustellen, dass Ihre Kampagnen Wirkung erzielen:

1. Legen Sie klare Ziele fest: Beginnen Sie damit, konkrete Ziele für Ihre Kampagne festzulegen, z. B. die Steigerung der Markenbekanntheit, die Steigerung des Umsatzes oder die Einführung eines neuen Produkts. Diese Ziele leiten Ihre Planung und dienen als Benchmark zur Messung des Erfolgs.
2. Verstehen Sie Ihr Publikum: Identifizieren Sie die demografischen Merkmale und Interessen Ihres Zielpublikums, um es mit den Followern des

Influencers abzustimmen. Diese Abstimmung stellt sicher, dass Ihre Kampagne Personen erreicht, die wahrscheinlich an Ihrer Marke interessiert sind, was ihre Wirksamkeit erhöht.

3. Wählen Sie geeignete Influencer aus: Wählen Sie Influencer aus, deren Werte, Stil und demografische Merkmale des Publikums eng mit Ihrer Marke übereinstimmen. Authentizität und Engagement sind wichtiger als bloße Follower-Zahlen. Ein gut passender Influencer kann eine echte Verbindung zu seinem Publikum aufbauen und so bessere Ergebnisse erzielen.

4. Erstellen Sie ein detailliertes Kreativbriefing: Geben Sie Influencern ein umfassendes Briefing mit Kampagnenzielen, Schlüsselbotschaften und spezifischen Inhaltsanforderungen. Geben Sie Influencern zwar Richtlinien, lassen Sie ihnen aber auch kreative Freiheit, um sicherzustellen, dass der Inhalt authentisch wirkt und bei ihrem Publikum ankommt.

5. Entwickeln Sie überzeugende Inhalte: Arbeiten Sie mit Influencern zusammen, um ansprechende Inhalte zu erstellen, die zu ihren Followern passen. Dies können Produktdemonstrationen, Tutorials, Einblicke hinter die Kulissen oder Lifestyle-Inhalte sein, die Ihre Produkte nahtlos integrieren, ohne zu werblich zu wirken.

6. Nutzen Sie Hashtags und Challenges: Integrieren Sie relevante Hashtags und nehmen Sie an TikTok-Challenges teil, um die Sichtbarkeit Ihrer Kampagne zu erhöhen. Die Auseinandersetzung mit Trendthemen kann Ihre Reichweite vergrößern und die Beteiligung des Publikums fördern.

7. Implementieren Sie Cross-Promotion: Erweitern Sie die Reichweite Ihrer Kampagne über TikTok hinaus, indem Sie Inhalte auf anderen Social-Media-Plattformen, Ihrer Website und in E-Mail-Newslettern bewerben. Dieser Multi-Channel-Ansatz verstärkt Ihre Botschaft über verschiedene Kontaktpunkte hinweg.

8. Überwachen und bewerten Sie die Leistung: Nutzen Sie die Analysetools von TikTok, um wichtige Kennzahlen wie Aufrufe, Likes, Shares und Kommentare zu überwachen. Bewerten Sie das Engagement und sammeln Sie Feedback, um erfolgreiche Strategien und Verbesserungsbereiche zu identifizieren.

9. Führen Sie eine Auswertung nach der Kampagne durch: Überprüfen Sie die Kampagnenergebnisse mit dem Influencer, um zu analysieren, was gut funktioniert hat, und sammeln Sie Erkenntnisse für zukünftige Kooperationen. Der Aufbau einer guten Beziehung zu Influencern fördert anhaltenden Erfolg und für beide Seiten vorteilhafte Partnerschaften.

Indem Sie diese Schritte befolgen, können Sie effektive Kooperationskampagnen entwickeln, die nicht nur die Sichtbarkeit Ihrer Marke erhöhen, sondern auch bei Ihrer Zielgruppe großen Anklang finden. Dieser strategische Ansatz stellt sicher, dass sowohl Ihre Marke als auch der

Influencer einen Mehrwert erzielen und ein für beide Seiten vorteilhaftes Ergebnis entsteht.

Messung des Erfolgs von Influencer-Kampagnen

Nach dem Start einer Influencer-Kampagne ist es wichtig, ihre Wirksamkeit zu bewerten, um ihre Auswirkungen zu verstehen und zukünftige Bemühungen zu verbessern. So messen Sie den Erfolg Ihrer Influencer-Kampagnen genau:

1. Legen Sie klare KPIs fest: Definieren Sie vor dem Start Key Performance Indicators (KPIs) wie Reichweite, Engagement (Likes, Kommentare, Shares), Website-Traffic und Verkäufe. Diese Kennzahlen helfen dabei, die Auswirkungen der Kampagne auf Ihre Marke zu quantifizieren.

2. Nutzen Sie Analysetools: Social-Media-Plattformen wie TikTok bieten Analysetools, die aufschlussreiche Daten liefern. Überwachen Sie Kennzahlen wie Aufrufe, Likes, Shares und Kommentare, um die Reichweite der Kampagne und das Engagement des Publikums zu bewerten.
3. Verfolgen Sie Verkäufe und Traffic: Setzen Sie Tools wie Google Analytics ein, um den Website-Traffic und die Verkäufe zu verfolgen, die der Kampagne zugeschrieben werden. Analysieren Sie Empfehlungsquellen, um zu messen, wie viel Traffic von den Posts des Influencers stammt, und messen Sie so direkte finanzielle Ergebnisse.
4. Überwachen Sie die Engagement-Raten: Hohe Engagement-Raten, einschließlich Kommentare und Shares, weisen auf eine Resonanz der Inhalte hin. Detaillierte Kommentare und aktives Teilen spiegeln ein starkes Engagement des Publikums wider und bieten tiefere Einblicke in die Rezeption der Inhalte.

5. Feedback einholen: Sammeln Sie qualitative Erkenntnisse von Influencern und ihrem Publikum durch Kommentare und Direktnachrichten. Dieses Feedback bietet Perspektiven zur Wahrnehmung der Kampagne und Verbesserungsvorschläge.
6. ROI bewerten: Berechnen Sie den ROI, indem Sie die Kampagnenkosten mit den erzielten Einnahmen vergleichen. Berücksichtigen Sie direkte Verkäufe und sekundäre Vorteile wie erhöhte Markenbekanntheit und neue Follower. Ein positiver ROI bedeutet, dass die Kampagne erfolgreich ist.
7. Benchmark-Vergleich: Bewerten Sie die Kampagnenleistung im Vergleich zu früheren Bemühungen oder Branchenbenchmarks, um die Wirksamkeit zu messen und Verbesserungsbereiche zu identifizieren.
8. Langfristige Auswirkungen bewerten: Überwachen Sie Kennzahlen im Laufe der Zeit, um nachhaltige Steigerungen der Markenbekanntheit, des Engagements oder der Verkäufe über den

Kampagnenzeitraum hinaus zu beobachten. Influencer-Kampagnen können dauerhafte Auswirkungen haben.

9. Erkenntnisse dokumentieren: Dokumentieren Sie nach der Bewertung erfolgreiche Strategien und Bereiche, die verbessert werden müssen. Verwenden Sie diese Erkenntnisse, um zukünftige Influencer-Kampagnen zu verfeinern und eine kontinuierliche Verbesserung und Anpassung sicherzustellen.

Indem Sie diese Schritte einhalten, können Sie den Erfolg Ihrer Influencer-Kampagnen effektiv messen und datengesteuerte Erkenntnisse nutzen, um die Erträge zu maximieren und Ihre Influencer-Marketingstrategie zu optimieren.

Kapitel 5

Leistung analysieren und Erfolg skalieren

Sobald Ihre TikTok-Kampagnen live sind, ist eine effektive Leistungsbewertung für eine kontinuierliche Verbesserung und Weiterentwicklung von entscheidender Bedeutung. Dieses Kapitel bietet einen umfassenden Leitfaden zur Bewertung Ihrer Kampagnen und zur Nutzung von Erkenntnissen zur Erweiterung Ihrer Erfolge.

Die Leistungsbewertung geht über oberflächliche Kennzahlen wie Likes und Ansichten hinaus. Sie umfasst das Eintauchen in Daten, um die Vorlieben und Verhaltensweisen des Publikums zu verstehen. Dazu gehört das Verfolgen wichtiger Kennzahlen, das Interpretieren von Ergebnissen und das Ableiten umsetzbarer Erkenntnisse zur Gestaltung zukünftiger

Strategien. Wenn Sie verstehen, welche Inhalte am besten ankommen und welche Influencer für erhebliches Engagement sorgen, können Sie Taktiken verfeinern und Ressourcen effizienter zuweisen.

Um Erfolg zu skalieren, müssen Sie bewährte Strategien verstärken. Dies kann eine Erhöhung der Investitionen in Kampagnen mit Top-Leistung, eine Ausweitung der Zusammenarbeit mit Influencern oder das Experimentieren mit vielversprechenden neuen Inhaltsformaten umfassen. Es geht darum, auf Erfolgen aufzubauen und aus weniger effektiven Bemühungen zu lernen, um Ihren Marketingansatz kontinuierlich zu verfeinern.

Dieses Kapitel behandelt die Einrichtung effektiver Tracking- und Analysesysteme. Es betont die Bedeutung der Festlegung klarer, messbarer Ziele und der Verwendung von Tools wie TikTok Analytics, Google Analytics und Social-Media-Dashboards zur Erfassung und Analyse von Daten. Sie lernen, wie Sie Trends und

Muster in Leistungskennzahlen erkennen und diese Erkenntnisse in fundierte Entscheidungen umsetzen.

Darüber hinaus werden Strategien zur Skalierung erfolgreicher Kampagnen untersucht. Dazu gehört die Steigerung der Investitionen in leistungsstarke Bereiche, die Erkundung neuer Wachstumschancen und die Anpassungsfähigkeit an Plattform- und Marktveränderungen.

Am Ende dieses Kapitels verfügen Sie über ein solides Verständnis für die Analyse der Leistung von TikTok-Kampagnen und die Skalierung von Bemühungen für nachhaltigen Erfolg. Dieses Wissen ermöglicht es Ihnen, datengesteuerte Entscheidungen zu treffen, die die TikTok-Präsenz Ihrer Marke verbessern und kontinuierliches Wachstum fördern.

Wichtige Kennzahlen zur Verfolgung auf TikTok

Das Verfolgen der entsprechenden Kennzahlen auf TikTok ist wichtig, um zu verstehen, wie gut Ihre Kampagnen funktionieren, und um fundierte Entscheidungen zu treffen. Hier sind die wichtigsten Kennzahlen, die Sie priorisieren sollten:

1. Aufrufe: Dies gibt an, wie oft Ihr Video angesehen wurde, was die Reichweite Ihres Inhalts widerspiegelt. Während eine hohe Aufrufzahl eine breite Präsenz zeigt, ist es wichtig, andere Kennzahlen zu untersuchen, um Erkenntnisse zum Engagement zu gewinnen.
2. Likes: Die Häufigkeit, mit der Zuschauer Ihr Video gewürdigt haben, indem sie es geliked haben. Eine höhere Anzahl von Likes zeigt normalerweise an, dass Ihr Inhalt bei Ihrem Publikum gut ankommt.

3. Kommentare: Kommentare bieten wertvolle Einblicke in das Engagement der Zuschauer. Positive und detaillierte Kommentare deuten auf eine starke Interaktion hin. Das Engagement mit Kommentaren kann auch ein Gemeinschaftsgefühl rund um Ihre Marke fördern.
4. Shares: Diese Kennzahl gibt an, wie häufig Ihr Video geteilt wurde, was auf Engagement und potenzielle Viralität hindeutet. Shares erweitern die Reichweite Ihres Inhalts auf neue Zielgruppen.
5. Follower-Wachstum: Das Verfolgen von Änderungen Ihrer Follower-Zahl im Laufe der Zeit zeigt, wie effektiv Ihre Content-Strategie beim Gewinnen neuer Follower ist.
6. Engagement-Rate: Die Kombination von Likes, Kommentaren und Shares im Verhältnis zu den Aufrufen bietet einen umfassenden Überblick über das Engagement-Niveau Ihres Inhalts. Höhere Engagement-Raten weisen auf eine aktive Interaktion mit Ihrem Inhalt hin.

7. Wiedergabezeit: Dies misst die Gesamtzeit, die Zuschauer tatsächlich mit dem Ansehen Ihres Videos verbringen. Längere Wiedergabezeiten deuten darauf hin, dass Ihr Inhalt fesselnd ist und die Aufmerksamkeit der Zuschauer fesselt, was vom TikTok-Algorithmus begünstigt wird.
8. Abschlussrate: Der Prozentsatz der Zuschauer, die Ihr Video von Anfang bis Ende ansehen. Eine hohe Abschlussrate deutet darauf hin, dass Ihr Inhalt fesselnd ist und das Interesse des Zuschauers durchgehend aufrechterhält.
9. Click-Through-Rate (CTR): Wenn Ihr Video einen Call-to-Action enthält, misst die CTR, wie viele Zuschauer diese Aktion ausführen, z. B. eine Website besuchen oder auf einen Link klicken. Diese Kennzahl ist entscheidend für die Steigerung von Verkehr und Conversions.
10. Hashtag-Leistung: Die Überwachung der Leistung Ihrer Hashtags zeigt, welche Tags Ihre Sichtbarkeit und Ihr Engagement verbessern. Beliebte und

relevante Hashtags können die Reichweite Ihres Inhalts erhöhen.

Durch die regelmäßige Überwachung dieser Kennzahlen erhalten Sie tiefere Einblicke in die Leistung Ihrer Inhalte und können datengesteuerte Entscheidungen zur Optimierung Ihrer TikTok-Strategie treffen. Mit diesem Ansatz können Sie ansprechendere Inhalte erstellen, Ihr Publikum vergrößern und Ihre Marketingziele erreichen.

Tools und Techniken zur Leistungsanalyse

Die Analyse der Effektivität Ihrer TikTok-Kampagnen ist entscheidend für die Bestimmung erfolgreicher Strategien. Hier sind effektive Methoden und Tools, um die Wirkung Ihrer Inhalte zu bewerten und zu verbessern:

1. TikTok Analytics: TikTok bietet ein integriertes Analysetool, das einen umfassenden Überblick

über die Leistung Ihres Kontos bietet. Es verfolgt Kennzahlen wie Aufrufe, Likes, Kommentare, Shares, Follower-Wachstum und mehr und bietet Einblicke in die Leistung einzelner Videos und allgemeine Trends.

2. Google Analytics: Für TikTok-Inhalte, die den Verkehr auf Ihre Website leiten, verfolgt Google Analytics das Besucherverhalten, einschließlich der Anzahl der Besucher von TikTok, ihrer Seitenbesuche und Sitzungsdauer. Dies hilft dabei, die Effektivität von TikTok-Kampagnen bei der Steigerung des Website-Verkehrs und der Conversions zu messen.

3. Social-Media-Dashboards: Plattformen wie Hootsuite, Sprout Social und Buffer konsolidieren Daten von verschiedenen Social-Media-Plattformen, einschließlich TikTok. Sie helfen bei der Verwaltung der Social-Media-Präsenz, der Planung von Posts und der Analyse der Leistung über alle Kanäle hinweg.

4. Hashtag-Tracking-Tools: Tools wie Hashtagify und RiteTag analysieren die Hashtag-Leistung und heben Trends und Effektivität hervor. Die Optimierung von Hashtag-Strategien auf der Grundlage dieser Erkenntnisse kann die Sichtbarkeit der Inhalte steigern.

5. Engagement-Analyse: Nutzen Sie TikTok Analytics, um Engagement-Kennzahlen wie Likes, Kommentare, Shares und Abschlussraten zu analysieren. Identifizieren Sie Videos mit hohem Engagement und erkennen Sie gemeinsame Faktoren, die zu ihrem Erfolg beitragen.

6. Konkurrenzanalyse: Überwachen Sie die TikTok-Konten der Konkurrenz, um Inhaltstypen, Publikumsengagement und erfolgreiche Kampagnen zu beobachten. Dies liefert Erkenntnisse und Inspiration für die Verfeinerung Ihrer eigenen Inhaltsstrategie.

7. Umfragen und Feedback: Sammeln Sie durch Umfragen und Feedback direkt qualitative Erkenntnisse von Ihrem Publikum. Das

Verständnis von Präferenzen neben quantitativen Daten verbessert die Klarheit der Inhaltsstrategie.
8. A/B-Tests: Experimentieren Sie mit verschiedenen Inhaltstypen, Veröffentlichungszeiten und Formaten, um Leistungsunterschiede zu bewerten. Der Vergleich der Ergebnisse hilft bei der Optimierung von Strategien für bessere Ergebnisse.

Durch den Einsatz dieser Tools und Techniken können Sie Ihr Verständnis der TikTok-Leistung vertiefen. Datengesteuerte Erkenntnisse ermöglichen fundierte Entscheidungen, fördern ansprechendere Inhalte, eine größere Reichweite des Publikums und das effektive Erreichen von Marketingzielen.

Iterieren basierend auf Daten und Feedback

Die Anpassung Ihrer TikTok-Strategie mithilfe von Daten und Feedback ist für die kontinuierliche Verbesserung und Maximierung der Effektivität von entscheidender Bedeutung. So können Sie Erkenntnisse effektiv nutzen, um Ihren Ansatz zu verfeinern:

1. Analysieren Sie Leistungskennzahlen: Untersuchen Sie regelmäßig Ihre TikTok-Analysen und relevanten Daten, um Trends und Muster in der Leistung Ihrer Inhalte zu erkennen. Konzentrieren Sie sich auf Videos mit hohen Engagement-Raten, starker Zuschauerbindung und signifikanten Shares, da dies auf erfolgreiche Inhalte hinweist, die gut ankommen.
2. Identifizieren Sie wichtige Erfolgsfaktoren: Bestimmen Sie, welche Aspekte zum Erfolg Ihrer Videos mit der besten Leistung beitragen. Ist es das Inhaltsformat, der Erzählstil, trendige Hashtags oder der Zeitpunkt der Veröffentlichung? Wenn Sie diese Faktoren identifizieren, können Sie sie in

zukünftigen Inhalten replizieren und so Ihre Erfolgschancen erhöhen.

3. Beheben Sie Bereiche, die verbessert werden müssen: Lernen Sie aus Videos, die unterdurchschnittlich abschneiden, indem Sie mögliche Gründe für ihr mangelndes Engagement analysieren. Dies könnte an nicht übereinstimmenden Publikumspräferenzen, unklaren Botschaften oder ineffektiven Handlungsaufforderungen liegen. Verwenden Sie dieses Feedback, um Ihre Inhaltsstrategie entsprechend anzupassen.

4. Experimentieren und testen: Nutzen Sie A/B-Tests, um mit verschiedenen Variablen wie Videolänge, Bearbeitungstechniken, Musikauswahl und CTAs zu experimentieren. Vergleichen Sie die Leistung verschiedener Inhaltsversionen, um herauszufinden, was bei Ihrem Publikum am besten ankommt. Iterative Tests helfen Ihnen, Ihren Ansatz anhand realer Daten zu verfeinern.

5. Integrieren Sie die Eingaben des Publikums: Achten Sie auf Kommentare, Direktnachrichten und Umfrageantworten des Publikums, um wertvolle Einblicke in seine Vorlieben und Interessen zu erhalten. Interagieren Sie mit Ihrem Publikum und integrieren Sie sein Feedback in Ihre Inhaltsstrategie.
6. Bleiben Sie flexibel: TikTok-Trends und Publikumspräferenzen entwickeln sich schnell. Bleiben Sie flexibel und reaktionsschnell, indem Sie Ihre Inhaltsstrategie entsprechend anpassen. Beobachten Sie aufkommende Trends, passen Sie Ihren Inhalt an, um von ihnen zu profitieren, und bleiben Sie der Zeit voraus.
7. Auswirkungen messen: Bewerten Sie die Auswirkungen von Strategieanpassungen auf wichtige Kennzahlen wie Engagement-Level, Follower-Wachstum und Konversionsraten. Das Verständnis der Auswirkungen hilft Ihnen, die effektivsten Strategien zur Erreichung Ihrer Ziele zu identifizieren.

Indem Sie Ihre TikTok-Strategie kontinuierlich anhand von Daten und Feedback verfeinern, können Sie die Inhaltsleistung im Laufe der Zeit optimieren, relevant bleiben und die Interaktion mit Ihrem Publikum verbessern. Dieser iterative Ansatz fördert eine kontinuierliche Verbesserung und stärkt Ihre Fähigkeit, auf TikTok nachhaltigen Erfolg zu erzielen.

Skalieren Sie Ihre TikTok-Strategie für langfristigen Erfolg

Der Ausbau Ihrer TikTok-Strategie umfasst die Vergrößerung Ihrer Reichweite, die Steigerung des Engagements und die Aufrechterhaltung des Wachstums im Laufe der Zeit. So skalieren Sie Ihre Strategie effektiv:

1. Bauen Sie auf erfolgreichen Kampagnen auf: Identifizieren Sie Ihre erfolgreichsten TikTok-Kampagnen und integrieren Sie deren Elemente in zukünftige Inhalte. Dies kann die Replikation von Inhaltsformaten, die Verwendung ähnlicher Methoden des Geschichtenerzählens oder die Zusammenarbeit mit Influencern umfassen, die zuvor starke Ergebnisse erzielt haben.
2. Diversifizieren Sie Inhalte: Halten Sie Ihre Inhalte dynamisch und abwechslungsreich, um das Interesse des Publikums aufrechtzuerhalten. Experimentieren Sie mit verschiedenen Inhaltstypen wie Tutorials, Blicken hinter die Kulissen, benutzergenerierten Inhalten und trendigen Videos. Die Diversifizierung von Inhalten zieht ein breiteres Publikum an und hält Ihre Marke zeitgemäß.
3. Erweitern Sie die Beziehungen zu Influencern: Pflegen Sie solide Partnerschaften mit Influencern, die mit Ihrem Markenethos übereinstimmen und eine treue Anhängerschaft haben. Beteiligen Sie

sich an mehreren Kampagnen, um Vertrautheit und Glaubwürdigkeit bei ihrem Publikum aufzubauen und so nachhaltiges Engagement und Expansion zu fördern.

4. Investieren Sie in das Engagement der Community: Interagieren Sie aktiv mit Ihrer TikTok-Community, indem Sie auf Kommentare antworten, Q&A-Sitzungen veranstalten und benutzergenerierte Inhalte präsentieren. Der Aufbau einer Community fördert die Loyalität und ermutigt Follower, für Ihre Marke einzutreten.

5. Trends überwachen und anpassen: Bleiben Sie über TikTok-Trends, Algorithmus-Updates und Änderungen der Publikumspräferenzen auf dem Laufenden. Passen Sie Ihre Content-Strategie entsprechend an, um von neuen Trends zu profitieren und in der dynamischen Landschaft der Plattform sichtbar zu bleiben.

6. Optimieren Sie die Content-Entdeckung: Nutzen Sie trendige Hashtags, nehmen Sie an Herausforderungen teil und arbeiten Sie mit

Influencern zusammen, um die Auffindbarkeit Ihrer Inhalte zu verbessern. Der Algorithmus von TikTok bevorzugt Engagement und Relevanz, daher kann die Optimierung für die Auffindbarkeit die organische Reichweite erhöhen.

7. Auswirkungen messen und anpassen: Verfolgen Sie kontinuierlich wichtige Kennzahlen wie Engagement-Raten, Follower-Wachstum und Kampagnen-ROI. Verwenden Sie Analysetools, um die Leistung zu bewerten und fundierte Entscheidungen zur Ressourcenzuweisung zu treffen und Ihre Strategie für maximale Effektivität zu verfeinern.

8. Innovation fördern: Fördern Sie Kreativität und Innovation in Ihrem Team oder Influencer-Netzwerk. Experimentieren Sie mit neuen Inhaltsformaten, Storytelling-Techniken oder interaktiven Funktionen, die Ihre Marke von der Masse abheben und im Wettbewerbsumfeld von TikTok Aufmerksamkeit erregen.

Indem Sie Ihre TikTok-Strategie strategisch und konsequent skalieren, können Sie nachhaltigen Erfolg erzielen, indem Sie ein breiteres Publikum erreichen, das Engagement steigern und das kontinuierliche Wachstum Ihrer Marke auf der Plattform vorantreiben.

Abschluss

In diesem Buch haben wir untersucht, wie TikTok als leistungsstarke Plattform für Modemarken dient, die im viralen Marketing erfolgreich sein und ihre Onlinepräsenz stärken möchten. Von der Erfassung des Publikums und der Demografie von TikTok über die Erstellung überzeugender Inhalte bis hin zur Nutzung von Influencer-Kooperationen bietet jedes Kapitel praktische Strategien für die Navigation und den Erfolg im dynamischen Bereich des Social-Media-Marketings.

TikToks unverwechselbare Mischung aus Kurzvideos, Trends und interaktiven Funktionen bietet Modemarken beispiellose Möglichkeiten, persönliche Verbindungen zu Verbrauchern aufzubauen. Indem sie die Funktionen der Plattform nutzen und auf dem Laufenden bleiben, können Marken eine einzigartige Stimme entwickeln und eine treue Anhängerschaft unter der vielfältigen Benutzerbasis von TikTok aufbauen.

Effektives TikTok-Marketing geht über bloße virale Momente hinaus; es dreht sich darum, authentisches Engagement zu fördern und sinnvolle Beziehungen zu Ihrem Publikum aufzubauen. Ob durch Storytelling, pädagogische Inhalte oder Einblicke hinter die Kulissen – Marken können Zuschauer fesseln und sie dazu inspirieren, für ihre Produkte zu werben.

Denken Sie bei der Umsetzung der in diesem Buch beschriebenen Strategien an die Bedeutung von Kreativität, Authentizität und Anpassungsfähigkeit. TikTok befindet sich in einem ständigen Entwicklungsstadium und erfolgreiche Marken sind diejenigen, die Veränderungen annehmen, mit neuen Konzepten experimentieren und ihren Ansatz auf der Grundlage von Erkenntnissen aus Daten und Feedback kontinuierlich verfeinern.

Indem sie klare Ziele setzen, Leistungskennzahlen überwachen und über Branchentrends informiert bleiben, können sich Modemarken für nachhaltigen Erfolg auf TikTok positionieren. Der Weg zum effektiven Verkauf auf TikTok erfordert Engagement, strategische Planung und ein tiefes Verständnis der Vorlieben und Verhaltensweisen Ihres Publikums.

Denken Sie bei Ihrem TikTok-Marketing daran, dass jede Interaktion eine Gelegenheit bietet, einen bleibenden Eindruck zu hinterlassen. Indem Sie konsequent Mehrwert liefern, das Engagement der Community fördern und dem Wesen Ihrer Marke treu bleiben, können Sie auf TikTok effektiv vermarkten und Ihre Modemarke im digitalen Zeitalter zu neuen Höhen des Erfolgs führen.

www.ingramcontent.com/pod-product-compliance
Lightning Source LLC
Chambersburg PA
CBHW072053230526
45479CB00010B/850